CATHERINE BOURRON-NORMAND
BÉATRICE VIGOT-LAGANDRÉ

L'alimentation des tout-petits

RECETTES & MENUS POUR BÉBÉS

4 à 24 mois

PHOTOGRAPHIES ÉRIC FENOT · STYLISME DELPHINE BRUNET

SOLAR EDITIONS

Sommaire

Aujourd'hui, beaucoup de jeunes parents se posent des questions sur la nutrition et la croissance de leur enfant, dès le plus jeune âge. L'alimentation est un thème dont tout le monde parle : presse écrite, télévision, crèches, écoles, ministère de la Santé.... De nombreuses informations circulent sur l'obésité, les allergies, les maladies cardio-vasculaires, les bienfaits nutritionnels des aliments, la nocivité des pesticides et des OGM dans les aliments... Ces sujets deviennent alors une source de confusion, de questionnement et d'angoisse pour les parents. Replaçons les choses dans leur contexte !

Croissance du jeune enfant

La première année de vie de l'enfant est une période de croissance intense. En effet, le nourrisson triple son poids de naissance et gagne 25 cm à la fin de la première année : vous pouvez imaginer l'importance des besoins nutritionnels à ce moment ! Puis la croissance va se poursuivre de manière importante – mais moins spectaculaire néanmoins – jusqu'à l'âge de 6 ans, où elle va commencer à être beaucoup plus progressive. La visualisation de ce phénomène se fait sur les courbes d'IMC présentes dans le carnet de santé.

Compte tenu de ces besoins, les apports nutritionnels de la première année de vie vont augmenter assez rapidement : à son terme, ils vont correspondre à peu près à la moitié des apports énergétiques de ceux de leur mère. Ceci ne signifie pas que les repas représentent la moitié de ceux d'un adulte. Néanmoins, le très jeune enfant a des besoins quantitatifs relativement hauts et des besoins qualitatifs spécifiques.

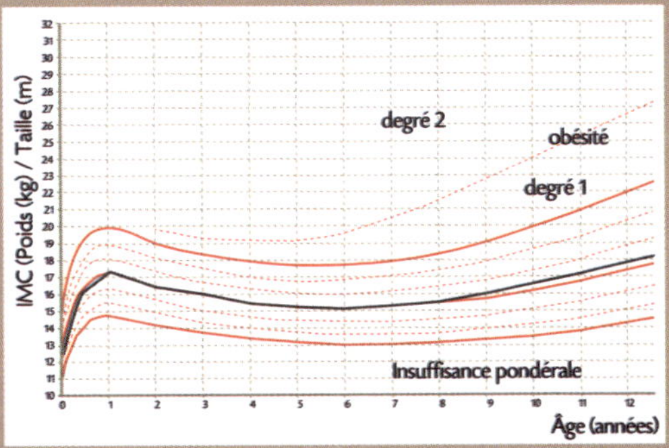

Les idées reçues

Le lait n'est pas indispensable pour l'enfant

Aujourd'hui, la consommation des produits à base de lait de vache est en forte baisse, chez les adultes comme chez les enfants. Même dans le monde pédiatrique, le lait est accusé par certains d'être responsable de tous les maux (otites et angines à répétition, obésité, etc.). Pourtant, les laits infantiles ont une composition parfaitement équilibrée en protéines, acides gras essentiels, calcium et fer, et répondent donc parfaitement aux besoins des enfants. Cela concerne également le lait de croissance. Ce dernier est d'autant plus justifié pour les petits mangeurs, chez qui le risque de carence en fer est plus élevé.

Le sel est néfaste pour la santé de mon enfant

Le nourrisson a une fonction rénale immature, ce qui implique que ses repas soient peu salés. Pendant sa première année, il n'est pas possible d'utiliser les conserves pour adultes, trop salées ; seuls les plats pour bébé sont adaptés. Puis, entre 1 et 6 ans, l'organisme évolue, ce qui élimine un certain nombre de contraintes dans la façon de cuisiner et permet d'augmenter les aliments salés tels que fromage, conserve, jambon. Cependant, il est important de ne pas cultiver le goût pour le sel, car il n'existe pas de carence ; au contraire, l'excès peut être néfaste à l'âge adulte et entraîner des troubles pour la santé.

Les féculents sont à consommer avec beaucoup de modération

Les féculents sont une source d'énergie utile à tout âge. Ils sont représentés par la pomme de terre, le pain, les pâtes, le riz, la semoule, le blé, le quinoa ou les légumes secs. Il est nécessaire qu'ils figurent à chaque repas, afin d'apporter une satiété à long terme, sans sensation de faim intense entre les repas. Mais l'introduction des céréales contenant du gluten et des légumes secs riches en fibres se fera en fonction de l'âge de l'enfant.

Le sucre est à bannir des repas des enfants

Non, le sucre est un aliment qui peut représenter 10 % de la totalité des glucides – il peut être apporté sous forme de sucre pur, mais aussi de miel, de confiture, de sirop d'agave ou de chocolat. S'il ne faut pas en abuser, il n'y a aucune raison de prendre des mesures d'éviction drastiques, qui pourraient avoir des conséquences néfastes sur le comportement alimentaire.

Les produits bio sont les seuls adaptés à un bébé

Il est important de noter que les produits destinés à la petite enfance subissent des contrôles sanitaires encore plus importants que les produits bio, en raison de la réglementation européenne. Ils sont donc tout à fait adaptés aux tout-petits. Mais, si vous souhaitez élaborer vous-même les repas de votre enfant, les aliments bio peuvent être une bonne solution. Ils peuvent être identifiés par les mentions : agriculture biologique (AB), produit de l'agriculture biologique, ou produit issu de l'agriculture biologique, et par l'organisme certificateur (Ecocert notamment).

Le beurre n'est pas bon pour la santé de mon enfant

Comme souvent, c'est l'abus qui est néfaste. Mais le beurre constitue un apport de vitamines A et D. Dans le cadre d'une alimentation diversifiée, il est important de varier les matières grasses : beurre, crème fraîche, huiles végétales, afin que l'enfant bénéficie des apports spécifiques de chacune d'elles.

Il faut s'inquiéter du faible appétit d'un enfant

Non, la plupart des enfants savent gérer la sensation de faim et de satiété. Comme les adultes, tous les enfants n'ont pas le même appétit. Votre pédiatre peut vous aider lorsqu'il établit les courbes de croissance. En effet, un petit appétit n'est pas toujours synonyme de mauvais développement. L'important est que le repas soit un moment agréable pour votre enfant et pour la famille – qu'il ne donne pas lieu à un conflit familial – et que votre enfant ait une bonne croissance.

Les enfants doivent manger de la viande midi et soir

Le groupe des viandes, poissons et œuf, ainsi que le groupe des produits laitiers, apportent des protéines. Les enfants ont de petits besoins en protéines et un fort besoin en calcium. Ce dernier est apporté par le lait, les laitages ou le fromage. Ainsi, afin de couvrir les deux besoins, l'idéal est donc de donner de la viande ou un équivalent une fois par jour à son enfant jusqu'à l'âge de 6 ans. Pour les besoins en fer, pensez à lui proposer régulièrement du boudin noir, ou bien de la viande rouge, ces deux aliments étant une des meilleures sources de fer alimentaire.

Les enfants n'apprécient pas la cuisine épicée

C'est très variable : un enfant qui a été habitué pendant sa vie fœtale à recevoir les saveurs de la cuisine épicée les appréciera sans doute. En effet, des études sur le goût montrent que les saveurs des aliments consommés par la maman passent dans le liquide amniotique. Lorsque votre enfant est en âge d'avoir une alimentation diversifiée, vous pouvez tout à fait utiliser les herbes aromatiques et introduire avec modération des épices douces (curry, cannelle, curcuma).

Les astuces pratiques

Vous aimeriez cuisiner et congeler des plats pour votre enfant.

Quelles précautions sont nécessaires ?

Afin de limiter les risques liés à la congélation, il est nécessaire de prendre quelques précautions durant la préparation et la décongélation.

Concernant la préparation

Il est impératif de se laver soigneusement les mains aussi souvent que nécessaire et de s'assurer de la fraîcheur des aliments.

Il est important de conditionner les plats en doses individuelles ou en toutes petites portions – car on ne peut pas recongeler un produit décongelé – et de les laisser refroidir avant de les mettre au congélateur.

Concernant la décongélation

La remise en température du produit congelé est un moment délicat. Plusieurs solutions sont possibles : décongélation au micro-ondes, au bain-marie ou au réfrigérateur (temps le plus long). En revanche, il ne faut jamais décongeler un produit à température ambiante, pour éviter le développement des bactéries.

Vous n'avez pas le temps de cuisiner tous les jours, vous souhaitez donner des produits le plus proche possible des produits frais, vous aimez beaucoup cuisiner.

Plusieurs solutions s'offrent à vous :

- Proposez à votre enfant un produit frais que vous cuisinerez et prévoyez plusieurs portions que vous congèlerez : soit l'équivalent d'une petite assiette, soit des galets que vous mettrez dans des bacs à glaçons. Il ne restera plus qu'à les décongeler avant que votre enfant les consomme. Les plats cuisinés et congelés « maison » sont des produits fragiles. Il est raisonnable de ne pas les conserver plus de quatre semaines.
- Utilisez les produits surgelés nature, éventuellement bio, que vous trouvez dans les magasins de surgelés. Il vous est possible, grâce à leur charte de qualité, de connaître leurs caractéristiques et leur composition. De plus, ils permettent de gagner du temps, et parfois de l'argent, puisque prêts à être consommés, ils sont exempts de déchets.
- Variez les repas sans y passer trop de temps. Il existe des purées de légumes nature surgelées pouvant parfaitement s'adapter aux besoins d'un enfant de moins de 1 an. Elles constituent une bonne source d'approvisionnement pendant les creux de la saison des légumes.

Matériel nécessaire à une réalisation simple et respectant les principes nutritionnels

- Cuit-vapeur, robot, mouli-légumes, autocuiseur, mixeur-plongeur sont des appareils très utiles parmi lesquels vous pouvez choisir ceux qui vous semblent les plus pratiques.
- Le mode de cuisson à la vapeur, très rapide, est aussi celui qui permet de limiter au maximum les pertes vitaminiques. Il peut se faire dans un cuit-vapeur ou un autocuiseur.
- Pour obtenir des textures idéales pour les purées et les viandes mixées, il existe des systèmes à adapter sur vos robots, qui gèrent les petits volumes. Il n'est donc pas indispensable de posséder du matériel spécifique pour enfants. Mais, le cuit-vapeur/mixeur destiné à la cuisine pour bébé est vraiment très pratique, parole de maman utilisatrice !

Jusqu'à 4 mois en moyenne, les repas de bébé sont exclusivement constitués de lait. Il peut s'agir du lait maternel ou d'une alimentation au lait pour nourrisson. Puis, entre 4 et 6 mois, on doit commencer à introduire de nouveaux aliments.

Diversification

C'est le moment où votre enfant va découvrir de nouvelles saveurs, de nouvelles textures, ainsi qu'une nouvelle façon de s'alimenter. Lorsque le pédiatre commence à parler de diversification, la plupart des parents sont angoissés. Les idées se bousculent : c'est un moment capital pour la santé future du bébé et les notions de risque allergique ou d'obésité apparaissent. Se posent également les questions pratiques : par quoi commencer, comment cuisiner, quelles quantités proposer ?

Aujourd'hui, concernant la diversification, il n'y a aucune raison de s'alarmer inutilement : les recommandations sont les mêmes pour les enfants allergiques et les petits non allergiques. Ainsi, il n'y a plus lieu de différer très tardivement l'introduction de nouveaux aliments.

Quant à la peur de l'obésité, il est important que l'enfant prenne plaisir à manger, que vous prépariez ses repas dans une optique de découverte et de partage, plutôt que de lui sélectionner des aliments qui ne font pas grossir. Sachez qu'il a besoin de tous les groupes d'aliments.

Pour l'introduction des nouveaux aliments, il existe une recommandation faite par les experts en nutrition, utilisée par votre pédiatre et tous les professionnels de santé : elle sert de guide concernant la période clé de 4 à 6 mois. Par ailleurs, il est important, pour l'introduction des plats pris à la cuillère, de tenir compte du développement de votre enfant. Si votre bébé apprécie son biberon, il n'y a pas d'urgence à faire évoluer la texture de ses repas. Dans le cas contraire, si le sevrage ne se passe pas très bien, il peut arriver que les repas à la cuillère soient mis en place de façon plus rapide. Laissez-vous guider par votre enfant !

La néophobie

Elle commence vers 2 ans et se termine en moyenne vers 6-7 ans. L'enfant veut affirmer son indépendance, son opposition dans tous les domaines, y compris l'alimentation. Il se peut que vous viviez cette situation avec angoisse… ou avec calme. Quoi qu'il en soit, votre enfant vous testera. Il n'y a pas de solution miracle préconçue, mais il existe des pistes de réflexion. Certaines circonstances vont améliorer le comportement de l'enfant, comme le calme, le fait de ne pas mettre d'enjeu lors du repas, ou le fait de ne pas aboutir à un chantage tel « si tu manges ta soupe, tu pourras regarder ton dessin animé préféré ». En effet, un processus pourrait alors se mettre en place, comme le refus de manger, ou l'escalade dans le chantage. Le repas pourrait alors devenir le pire moment de la journée.

La période clé de 4 à 6 mois

Tous les spécialistes de la nutrition de l'enfant s'accordent à dire que c'est le moment idéal pour l'introduction successive des céréales sans gluten, puis des fruits et légumes cuits et mixés, de la pomme de terre (à inclure dans les purées de légumes), puis de la viande et du poisson, avant l'œuf dur.

Vers 5 mois, il est recommandé d'introduire des céréales contenant du gluten. D'ailleurs, la réglementation des céréales va évoluer dans ce sens, ce qui facilitera vos choix.

La diversification après 1 an

De 6 mois à 1 an, votre bébé consomme du lait de suite, ou des laitages au lait de suite ou au lait entier. À partir de 1 an, le lait de suite est remplacé par du lait de croissance, ou du lait entier s'il s'agit de préparation pour la famille.

À partir de 15 mois, votre enfant pourra consommer des fruits et des légumes crus, sous forme râpée ou mixée. Il sera également possible d'introduire les légumes secs (lentilles, pois cassés, flageolets, fèves, etc.) plutôt en purée pour commencer, afin d'améliorer leur digestibilité.

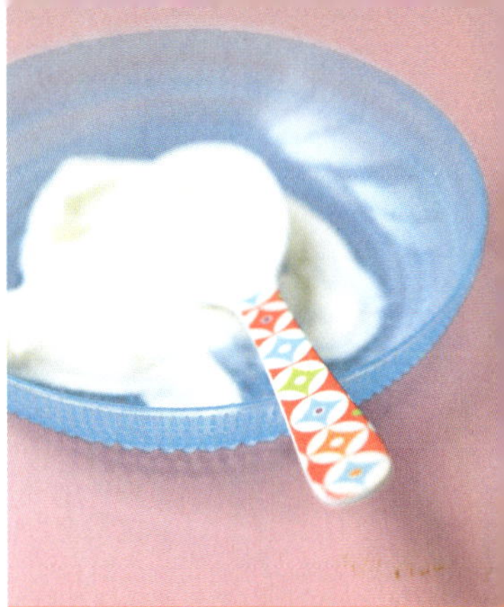

Quelles textures en fonction de l'âge ?

Jusqu'à 4 mois, un bébé ne peut consommer que des textures liquides, prises plutôt au biberon.

À partir de 5 mois, l'enfant a les capacités physiologiques de manger à la cuillère des aliments un peu épais.

Aux alentours de 8 mois, il est classique de proposer un croûton de pain ou un biscuit pour bébé, sous surveillance constante d'un adulte.

Puis, vers 10 mois, certains enfants commencent à bien mastiquer, même s'ils n'ont pas de dents, et à accepter des purées avec des morceaux comme de la viande hachée, des petites pâtes ou des légumes cuits, grossièrement mixés.

À 15 mois, la majorité des enfants acceptent les morceaux.

Afin d'habituer votre enfant à des saveurs nouvelles, introduisez les légumes et les fruits un par un. Ce principe permet de modifier en douceur l'alimentation de votre bébé et de repérer au mieux une éventuelle allergie.

Une fois que votre bébé a découvert des saveurs, rien ne vous empêche ensuite de faire des associations salées-sucrées comme la purée de céleri et pomme, car les bébés préfèrent souvent les saveurs sucrées aux salées.

De même, les textures fluides remportent un plus grand succès que les textures très épaisses.

C'est aussi le moment où se pose la question du « fait maison » ou du « tout prêt ». Aujourd'hui, les aliments spécifiques pour bébés ont une plus grande valeur gustative que par le passé. Il est à noter que ces produits subissent des contrôles rigoureux de leur taux de nitrates et de pesticides. Les produits destinés à l'alimentation du petit enfant sont intéressants à utiliser en alternance avec les produits « faits maison ». Lorsque vous cuisinez vous-même les repas de votre bébé, vous ajoutez à la différence gustative une dimension affective, culturelle, une dose de créativité et d'ingéniosité, qui a aussi son importance. L'essentiel est que cela ne se transforme pas pour vous en corvée et que vous répondiez aux besoins spécifiques de votre enfant.

En pratique

Les portions proposées dans les recettes sont les portions moyennes adaptées à la tranche d'âge concernée. Vous pouvez toutefois les augmenter ou les diminuer un peu en fonction de l'appétit de votre enfant.

Pour vous aider à préparer les repas de votre enfant, découvrez ci-contre quelques idées de menus, qui utilisent les recettes du livre en fonction de deux âges clés.

LES RECETTES

4
24
mois

Conseil équilibre

Si ce potage constitue le plat principal de votre enfant, ajoutez alors 2 mesures de lait deuxième âge ou de lait de croissance et une noix de beurre, afin que les apports nutritionnels soient adaptés.

Variante

Vous pouvez aussi réaliser cette soupe avec du potimarron.

Soupe au potiron

Pour 4 portions Préparation : 10 min Cuisson : 10 min

300 g de potiron, 2 pommes de terre, 1 petit oignon, 2 branches de thym, ½ tablette de bouillon de volaille ou de légumes bio

- Pelez et lavez les pommes de terre, puis coupez-les en deux ou en trois. Pelez l'oignon et coupez-le en deux. Épluchez le potiron, rincez-le et coupez-le en morceaux.
- Déposez les légumes dans un autocuiseur, ajoutez le bouillon et le thym, recouvrez d'eau à hauteur et fermez. Laissez cuire une dizaine de minutes après la mise en rotation de la soupape.
- Retirez le thym, puis passez la soupe au mixeur ou au blender.

Variante

Vous pouvez ajouter un peu de crème juste avant de servir.

Potage poireau-pomme de terre

Pour 4 portions Préparation : 5 min Cuisson : 25 min

2 blancs de poireaux, 2 pommes de terre, 1 noisette de beurre, sel

- Rincez les blancs de poireaux, puis émincez-les. Pelez et lavez les pommes de terre puis coupez-les en morceaux.
- Mettez le beurre à chauffer dans une cocotte et faites suer les poireaux émincés. Ajoutez les pommes de terre, salez modérément et recouvrez d'eau à hauteur. Portez à ébullition, puis baissez le feu et laissez mijoter 20 minutes.
- Passez au mixeur plongeant et servez.

à partir de 15 mois

Salade de betteraves crapaudine

Pour 4 portions Préparation : 10 min

2 petites betteraves crapaudine cuites, 4 brins de ciboulette, ½ cuill. à soupe de crème liquide, ½ cuill. à soupe de vinaigre, 1 cuill. à soupe d'huile de noix, sel

• Pelez les betteraves, rincez-les, séchez-les, puis coupez-les en petits dés. Rincez et séchez la ciboulette.

• Versez une pincée de sel dans un petit saladier et délayez avec le vinaigre. Fouettez avec l'huile et la crème. Ajoutez les dés de betterave, parsemez de ciboulette ciselée et servez.

Conseil équilibre

Vous pouvez ajouter un œuf dur mouliné pour les enfants à partir de 15 mois ; il n'est alors pas nécessaire de proposer de la viande ou du poisson dans la suite du repas.

4
24
mois

Conseil équilibre

Si ce potage constitue le plat principal de votre enfant, ajoutez alors 2 mesures de lait deuxième âge ou de lait de croissance et une noix de beurre, afin que les apports nutritionnels soient adaptés.

à partir de 15 mois

Potage aux pâtes alphabet

Pour 4 portions Préparation : 10 min Cuisson : 25 min

1 courgette, 1 carotte, 50 g de pâtes alphabet , ½ tablette de bouillon de bœuf ou de volaille bio

- Lavez la courgette et la carotte, pelez-les puis coupez-les en morceaux.
- Dans une casserole, délayez la demi-tablette de bouillon avec 60 cl d'eau bouillante. Ajoutez les dés de légumes et portez à ébullition. Laissez mijoter 15 minutes environ, puis passez au mixeur.
- Ajoutez les pâtes, portez à nouveau à ébullition et laissez cuire une dizaine de minutes.

4
24
mois

Variante

Si vos enfants aiment les saveurs sucrées-salées, ajoutez un zeste et un filet de jus d'orange.

Petits flans de carotte

Pour 4 à 6 portions Préparation : 20 min Cuisson : 30 min

400 g de carottes, quelques pluches de cerfeuil, 2 œufs, 10 cl de lait de suite ou de croissance, 10 cl de crème liquide, 1 cuill. à café de fécule, 1 pincée de muscade, sel, poivre

- Épluchez, lavez et coupez les carottes en rondelles, puis faites-les cuire à la vapeur pendant 10 minutes. Mixez-les en purée.
- Préchauffez le four à 180 °C (th. 6).
- Délayez la fécule dans un peu de lait. Incorporez dans la purée les œufs entiers, la crème et la fécule délayée dans le lait. Ajoutez le reste de lait, la muscade, une petite pincée de sel et du poivre. Répartissez la préparation dans des moules individuels beurrés.
- Enfournez et laissez cuire pendant 20 minutes environ. Parsemez de cerfeuil et servez.

Variante

Vous pouvez remplacer le yaourt par 50 g de fromage blanc.

Pour les plus petits

Pour les enfants qui n'acceptent pas encore les morceaux, vous pouvez râper le concombre, cela donnera une texture plus tendre.

Concombre au yaourt

Pour 4 portions Préparation : 10 min

½ concombre ou 1 petit concombre pepino, 4 feuilles de menthe, ½ yaourt brassé, ½ cuill. de vinaigre, sel

- Pelez le concombre et détaillez-le en rondelles ou en dés. Rincez et séchez les feuilles de menthe.
- Mélangez le vinaigre avec une pincée de sel, puis fouettez avec le yaourt brassé.
- Versez la sauce sur les dés de concombre, mélangez bien et ajoutez la menthe ciselée.

4
24
mois

Variante

Vous pouvez faire cuire les aubergines coupées en deux à four chaud pendant 30 minutes environ.

Mousse d'aubergines

Pour 4 portions Préparation : 10 min Cuisson : 15 min

2 petites aubergines, 2 pluches de persil, 2 portions de fromage fondu type Kiri®

- Lavez et épluchez les aubergines, coupez-les en morceaux, puis faites-les cuire à la vapeur pendant 15 minutes environ, jusqu'à ce qu'elles soient bien tendres.
- Déposez les aubergines dans le bol d'un robot, ajoutez le fromage, puis mixez pour obtenir une purée onctueuse.
- Rincez et séchez le persil, puis ciselez-le finement et parsemez-en la mousse. Servez chaud ou très frais.

4
24
mois

Variante

Vous pouvez remplacer le thon par des filets de maquereau. Pour une jolie présentation lors d'un pique-nique, disposez ces rillettes dans des tomates cocktail évidées.

Rillettes de thon

à partir de
15 mois

Pour 4 portions Préparation : 5 min Réfrigération : 1 h

1 petite boîte de thon au naturel (120 g net), 1 petit-suisse , 1 citron, 4 brins d'aneth ou de ciboulette

- Pressez le citron et recueillez 2 cuillerées à soupe de jus. Égouttez le thon, puis émiettez-le dans le bol d'un robot.
- Ajoutez le petit-suisse et le jus de citron, et mixez pour obtenir une purée plus ou moins grossière. Incorporez les herbes ciselées, mélangez et placez au réfrigérateur pendant au moins 1 heure.

Variante

Vous pouvez napper les bouchées de sauce tomate maison. Si vous n'avez pas de muesli, passez les boulettes dans la chapelure ou une biscotte mixée.

Conseil équilibre

Accompagnez ces roulés de sole de quinoa ou d'une purée de pommes de terre et panais.

Petites bouchées de poisson

à partir de 15 mois

Pour 4 portions Préparation : 20 min Cuisson : 5 min

150 g de filet de merlan, lieu jaune ou cabillaud, 1 citron, 4 tiges de persil, 5 cuill. à soupe de lait de suite ou de croissance, 20 g de mie de pain, 2 cuill. à soupe de muesli non sucré ou de flocons d'avoine, 1 cuill. à soupe d'huile, 1 pincée de curry (facultatif), sel

- Faites tremper la mie de pain dans le lait. Répartissez le muesli dans une assiette.
- Coupez le filet de poisson en morceaux et mixez-les avec la mie de pain égouttée, la moitié des herbes, une petite pincée de sel et le curry. Formez des boulettes à l'aide d'une petite cuillère et passez-les dans le muesli.
- Faites chauffer l'huile dans une poêle et ajoutez les boulettes. Laissez cuire 5 minutes en remuant régulièrement, égouttez sur du papier absorbant et parsemez du reste d'herbes et de quelques gouttes de jus de citron.

Paupiettes de sole farcies

à partir de 15 mois

Pour 4 portions Préparation : 20 min Cuisson : 10 min

1 filet de sole de 200 g, 4 champignons de Paris, 1 poignée de pousses d'épinards frais, 1 petite échalote, 1 noix de beurre, sel

- Coupez le bout terreux des champignons, rincez-les, puis émincez-les. Épluchez et ciselez l'échalote. Rincez les pousses d'épinards.
- Mettez le beurre à chauffer dans une poêle et faites suer l'échalote. Ajoutez les champignons et les épinards et faites cuire 5 minutes environ. Salez modérément.
- Coupez le filet de sole en deux. Étalez la garniture sur les filets, puis roulez les filets sur eux-mêmes en forme de paupiettes. Faites cuire 5 minutes au cuit-vapeur. Coupez chaque roulé en deux et servez.

4
24
mois

Flétan au poireau et au riz

Pour 4 portions Préparation : 10 min Cuisson : 25 min

200 g de filet de flétan, 1 blanc de poireau, 10 g de beurre, 100 g de riz basmati, 2 cuill. à soupe d'huile, 1 pincée de curry doux, sel

- Lavez le blanc de poireau et émincez-le. Faites chauffer un filet d'huile dans une poêle et faites-y revenir le poireau pendant 10 minutes en remuant. Mixez-le en purée.
- Pochez le poisson dans de l'eau frémissante ou un court-bouillon pendant 5 minutes environ. Égouttez-le, puis écrasez-le à la fourchette en incorporant le reste d'huile et le curry.
- Pendant ce temps, faites cuire le riz à l'eau bouillante salée pendant 10 minutes environ. Égouttez-le et incorporez le beurre.
- Disposez un peu de purée de poireau dans chaque assiette, recouvrez de flétan émietté et accompagnez de riz.

Pour les plus petits

Au besoin, mixez grossièrement le riz.

4
24
mois

Variante

Remplacez le curcuma par une pincée de curry.

à partir de 15 mois

Petites madeleines au fromage

Pour 6 madeleines Préparation : 10 min Cuisson : 10 min

1 gros œuf, 1 cuill. à soupe de fromage blanc, 30 g d'emmental ou de gruyère râpé, 40 g de farine, 1 cuill. à café de levure chimique, 2 cuill. à soupe d'huile d'olive, 1 pincée de curcuma, sel

- Versez la farine dans un saladier et mélangez avec la levure. Incorporez l'œuf légèrement battu, l'huile d'olive et le fromage blanc pour obtenir une pâte homogène. Ajoutez une pincée de sel, le curcuma et le fromage râpé.
- Préchauffez le four à 210 °C (th. 7).
- Répartissez la pâte dans des moules à madeleines antiadhésifs, sans les remplir complètement, et enfournez pour 8 à 10 minutes. Laissez tiédir avant de servir.

Variante

Vous pouvez réaliser ce clafoutis avec des tomates cerises (il est inutile de les précuire) et ajouter une pincée de muscade ou de paprika.

Variante

N'hésitez pas à remplacer l'emmental par du gruyère, du comté, du cantal jeune ou des lamelles de reblochon.

Clafoutis au brocoli

à partir de 15 mois

Pour 4 portions Préparation : 10 min Cuisson : 40 min

200 g de brocoli, 2 petits œufs, 30 g de gruyère, 10 g de beurre, 5 cl de crème liquide, 5 cl de lait de croissance ou demi-écrémé, 5 g de fécule, sel

- Rincez le brocoli, faites-le cuire 10 minutes à la vapeur, puis séparez les bouquets. Râpez le gruyère.
- Préchauffez le four à 210 °C (th. 7).
- Diluez la fécule dans un peu de lait. Versez le reste de lait dans un saladier et mélangez avec la crème liquide et les œufs entiers. Incorporez la fécule et une petite pincée de sel en remuant.
- Beurrez un plat à gratin et disposez le brocoli. Recouvrez de la préparation aux œufs, parsemez de gruyère râpé et enfournez pour 30 minutes.

Cake aux courgettes

à partir de 15 mois

Pour 1 cake Préparation : 20 min Cuisson : 30 min

100 g de jambon, 2 petites courgettes, 3 œufs, 30 g d'emmental, 10 cl de lait de croissance, 100 g de farine blanche, 50 g de farine complète, ½ sachet de levure chimique, 3 cuill. à soupe d'huile d'olive

- Pelez les courgettes, rincez-les puis râpez-les. Coupez le jambon en dés et râpez le fromage.
- Versez la farine blanche et la farine complète dans un saladier et mélangez avec la levure. Faites un puits au centre, puis incorporez les œufs entiers un à un, le lait tiède et l'huile. Ajoutez les courgettes, le jambon et le fromage.
- Préchauffez le four à 180 °C (th. 6).
- Versez la préparation dans un moule à cake et enfournez pour 30 minutes environ. Servez tiède ou froid.

Œufs pochés sur lit d'épinards

Pour 4 portions Préparation : 15 min Cuisson : 30 min

200 g d'épinards surgelés, 1 belle pomme de terre, 4 petits œufs , 20 g de beurre, 1 cuill. à soupe de vinaigre , 1 cuill. à soupe d'huile d'olive ou de colza, sel

- Faites cuire les épinards selon les instructions portées sur l'emballage. Salez modérément et ajoutez la moitié du beurre.
- Épluchez la pomme de terre, lavez-la et coupez-la en deux. Faites-la cuire à l'eau salée pendant 20 minutes. Écrasez-la avec une fourchette en ajoutant le reste de beurre.
- Faites chauffer une grande quantité d'eau dans une sauteuse ; quand elle frémit, ajoutez le vinaigre. Cassez les œufs un par un dans une tasse et plongez-les dans l'eau frémissante. Faites-les cuire pendant 3 minutes environ, en ramenant le blanc de l'œuf sur le jaune à l'aide d'une écumoire. Égouttez-les sur un papier absorbant.
- Répartissez les épinards et la pomme de terre dans quatre assiettes, déposez un œuf dans chacune, arrosez d'un filet d'huile et servez.

Brouillade à la tomate

Pour 4 portions Préparation : 10 min Cuisson : 15 min

4 petits œufs, 2 tomates, quelques brins d'aneth ou d'estragon, 10 g de beurre, 1 cuill. à soupe d'huile

- Plongez les tomates dans de l'eau frémissante pendant quelques secondes, rafraîchissez-les, puis pelez-les et coupez-les en dés.
- Mettez à chauffer l'huile et le beurre dans une poêle, et ajoutez les dés de tomates. Laissez cuire 10 minutes environ. Rincez et séchez les herbes.
- Battez légèrement les œufs et versez sur la concassée de tomates. Mélangez pendant 2 à 3 minutes, parsemez d'aneth ou d'estragon haché et servez.

4/24 mois

Pour les plus petits

Vous pouvez mixer les épinards et la pomme de terre, et proposer plutôt un œuf dur bien émietté.

Conseil équilibre

Accompagnez d'un peu de riz blanc.

Variante

Vous pouvez faire cuire les œufs entiers non battus en les cassant directement sur la concassée de tomates.

4
24
mois

Purée multicolore

Pour 4 portions Préparation : 15 min Cuisson : 20 min

½ poivron, 1 tomate, 1 carotte, 1 pomme de terre, 1 courgette, 2 cuill. à soupe de lait de suite ou de croissance, 10 g de beurre, 1 pincée de muscade râpée, sel

- Épluchez tous les légumes, rincez-les et coupez-les en morceaux.
- Faites cuire la pomme de terre et la carotte à l'eau bouillante salée ou à la vapeur pendant environ 10 minutes, puis, ajoutez les morceaux de courgette, de tomate et de poivron, et poursuivez la cuisson jusqu'à ce que les légumes soient bien tendres (comptez environ 20 minutes au total).
- Égouttez, puis passez les légumes au moulin à légumes et incorporez la muscade, le lait et le beurre.

Purée de riz aux courgettes

Pour 4 portions Préparation : 5 min Cuisson : 10 min

80 g de riz basmati, 2 petites courgettes, 10 g de beurre, 5 cl de lait de suite ou de croissance, ½ tablette de bouillon de volaille ou de légumes

- Épluchez les courgettes, puis coupez-les en tronçons.
- Portez une grande quantité d'eau à ébullition et ajoutez la demi-tablette de bouillon émiettée. Laissez-la se dissoudre et versez le riz en pluie. Comptez 5 minutes de cuisson après la reprise de l'ébullition, ajoutez les courgettes et poursuivez la cuisson encore 5 minutes. Égouttez.
- Passez le tout au mixeur en incorporant le lait tiédi et le beurre.

Variante

Vous pouvez réaliser cette recette avec de la semoule que vous ferez gonfler dans de l'eau bouillante.

4
24
mois

Variante

Vous pouvez remplacer le poireau par du brocoli.

Pour toute la famille

Pour adapter cette recette aux gros appétits, vous pouvez ajouter une pomme de terre dans la purée.

Purée de poireau, fèves et pomme de terre

à partir de 15 mois

Pour 4 portions Préparation : 10 min Cuisson : 25 min

1 poireau, 1 pomme de terre, 100 g de fèves écossées et pelées fraîches ou surgelées, 1 bouquet garni, 10 g de beurre, 1 cuill. à soupe d'huile d'olive, sel

- Épluchez le poireau, lavez-le et coupez-le en tronçons. Pelez la pomme de terre, rincez-la et coupez-la en deux. Mettez la pomme de terre et le poireau dans une casserole. Recouvrez largement d'eau, salez, ajoutez le bouquet garni et portez à ébullition. Baissez le feu et laissez cuire 15 minutes environ. Ajoutez les fèves et poursuivez la cuisson 10 minutes.
- Égouttez en conservant l'eau de cuisson et passez le tout au moulin à légumes en incorporant l'huile d'olive et le beurre. Ajoutez au besoin un peu d'eau de cuisson et servez.

Purée de potiron et carotte aux épices

Pour 4 portions Préparation : 5 min Cuisson : 35 min

200 g de potiron, 200 g de carottes, 1 petit oignon , 10 g de beurre, 2 cuill. à soupe d'huile, 1 pincée de gingembre , 1 pincée de cumin, sel

- Pelez le morceau de potiron et les carottes, rincez-les et coupez-les en dés. Faites cuire 10 minutes à la vapeur.
- Épluchez l'oignon et émincez-le finement.
- Mettez le beurre et l'huile à chauffer dans une cocotte et faites suer l'oignon pendant 2 minutes. Ajoutez les carottes et le potiron, salez modérément, saupoudrez de cumin et de gingembre. Couvrez et laissez mijoter à feu doux pendant 20 minutes.
- Écrasez grossièrement à la fourchette ou mixez plus finement selon le goût, et servez.

Purée de haricots verts aux herbes

Pour 4 portions Préparation : 15 min Cuisson : 30 min

300 g de haricots verts, 1 pomme de terre, 1 gousse d'ail, 4 brins de ciboulette ou de cerfeuil, 5 cl de lait de suite ou de croissance, 20 g de beurre, sel

- Équeutez et lavez les haricots verts. Rincez et séchez les herbes.
- Épluchez la pomme de terre et rincez-la. Mettez-la dans une casserole avec l'ail pelé, recouvrez d'eau et portez à ébullition. Salez et faites cuire 15 minutes. Ajoutez alors les haricots verts et poursuivez la cuisson 15 minutes.
- Égouttez, puis passez le tout au moulin à légumes et incorporez le lait tiédi et le beurre.
- Ajoutez les herbes ciselées et répartissez la purée dans chaque assiette à l'aide de cercles.

Purée de céleri-rave et pomme

Pour 4 portions Préparation : 15 min Cuisson : 20 min

¼ de céleri-rave, 1 pomme, 1 petite pomme de terre, 1 citron, 20 g de beurre, 25 cl de lait de suite ou de croissance, sel

- Épluchez le céleri-rave avec un gros couteau et pelez la pomme de terre. Rincez-les et coupez-les en morceaux. Mettez-les dans une casserole avec le lait et complétez avec de l'eau pour recouvrir largement les légumes. Salez, portez à ébullition et laissez cuire 20 minutes.
- Pendant ce temps, pelez la pomme, épépinez-la et coupez-la en dés, et arrosez-les de jus de citron pour qu'ils ne noircissent pas. Faites fondre une noisette de beurre dans une poêle et ajoutez les dés de pomme. Faites cuire en remuant, pendant 10 minutes environ, jusqu'à ce qu'elle soit réduite en compote.
- Égouttez les légumes et passez-les au presse-purée en incorporant la pomme. Ajoutez le reste de beurre et mélangez.

Astuce gain de temps

N'hésitez pas à utiliser des haricots verts surgelés.

4/24 mois

Pour les plus petits

Vous pouvez préparer cette recette pour un enfant de moins de 2 ans en mixant la semoule avec la ratatouille.

à partir de 15 mois

Semoule et ratatouille

Pour 4 portions Préparation : 15 min Cuisson : 30 min

1 petite courgette, 1/3 d'aubergine, 1 tomate, 1 petit oignon blanc, 1/4 de poivron rouge, 1/2 cuill. à soupe d'huile d'olive, 1 branche de thym, 50 g de semoule fine de couscous, 5 cl de lait de suite ou de croissance, sel, poivre

- Lavez la courgette, la tomate, l'aubergine et le poivron, épluchez-les, puis coupez-les en petits dés. Épluchez et hachez l'oignon. Faites suer tout doucement tous les légumes et l'oignon dans l'huile d'olive avec la branche de thym, un peu de sel et de poivre, et laissez cuire 30 minutes.
- Faites chauffer le lait jusqu'à frémissement. Versez la semoule dans un bol et ajoutez le lait chaud. Laissez gonfler 5 minutes.
- Écrasez la ratatouille à la fourchette (plus ou moins selon que votre enfant accepte les petits morceaux) et servez avec la semoule.

Purée de pois cassés

à partir de 15 mois

Pour 4 portions Préparation : 15 min Trempage : 2 h Cuisson : 1 h

150 g de pois cassés, 1 fine tranche de poitrine fumée, 20 g de beurre, 1 feuille de laurier, 2 branches de thym

- Faites tremper les pois cassés 2 heures dans de l'eau froide. Rincez-les et égouttez-les.
- Versez-les dans une casserole, ajoutez le laurier, le thym et la poitrine fumée. Couvrez largement d'eau, portez à ébullition, puis baissez le feu et laissez mijoter environ 1 heure.
- Ôtez le laurier, le thym et la poitrine fumée, puis écrasez les pois cassés au moulin à légumes. Incorporez le beurre, et un peu d'eau de cuisson selon la consistance désirée, et servez.

Gratin d'épinards et quinoa

à partir de 15 mois

Pour 4 portions Préparation : 15 min Cuisson : 40 min

80 g de quinoa, 200 g d'épinards surgelés, 20 g de beurre, 20 g d'emmental, 2 cuill. à soupe de chapelure, 1 filet d'huile, sel

- Rincez le quinoa, mettez-le dans une casserole et recouvrez-le de deux fois son volume en eau, salez et portez à ébullition. Baissez le feu et laissez mijoter 15 minutes environ.
- Faites cuire les épinards selon les instructions portées sur l'emballage. Incorporez-les au quinoa et ajoutez 15 g de beurre.
- Préchauffez le four à 210 °C (th. 7). Râpez l'emmental.
- Beurrez un plat à four et répartissez le quinoa aux épinards. Arrosez d'un filet d'huile, saupoudrez de fromage râpé et de chapelure, et enfournez pour 15 minutes environ, jusqu'à ce que le gratin soit bien doré.

Conseil équilibre

Pour un plat complet, ajoutez aux épinards deux œufs battus en omelette.

4
24
mois

Pour les plus petits

Vous pouvez mixer ou hacher les légumes pour obtenir la texture adaptée au goût de votre enfant.

Lasagne de légumes

Pour 4 portions Préparation : 15 min Cuisson : 35 min

2 courgettes, 1 petite aubergine, 10 petits champignons, 1 oignon, 200 g de tomates pelées ou de sauce tomate maison, 40 cl de lait de suite ou de croissance, 20 g de parmesan, 15 g de beurre, 30 g de fécule, 10 plaques de lasagne précuites, 1 cuill. à soupe d'huile d'olive, 1 pincée de muscade râpée, sel

- Pelez et émincez l'oignon. Lavez, épluchez et détaillez les légumes en petits dés.
- Faites chauffer l'huile dans une poêle et faites-y dorer l'oignon et les légumes. Incorporez les tomates pelées et coupées en dés. Salez modérément et laissez mijoter 10 minutes.
- Préparez la béchamel : versez la fécule dans une tasse et délayez-la avec un peu de lait ; versez le reste de lait dans une casserole et faites-le chauffer ; incorporez la fécule délayée et la muscade, puis portez à ébullition ; faites cuire en remuant jusqu'à ce que le mélange épaississe, puis incorporez le beurre.
- Préchauffez le four à 180/190 °C (th. 6/7).
- Déposez une couche de légumes dans un plat à four. Recouvrez de feuilles de lasagne (au besoin, coupez-les en morceaux), versez un peu de béchamel, et ainsi de suite jusqu'à épuisement des ingrédients. Terminez par la béchamel et saupoudrez de parmesan. Enfournez pour 25 minutes.

4
24
mois

Variante

En fin de cuisson, et pour une recette plus gourmande, ajoutez des copeaux de fromage à raclette.

Variante

Incorporez quelques brins d'aneth ciselés à la purée de pommes de terre et remplacez le gruyère par de la cancoillotte.

à partir de 15 mois

Röstis de pommes de terre et poireau

Pour 4 portions Préparation : 10 min (à commencer la veille) Cuisson : 35 min

1 blanc de poireau, 2 belles pommes de terre, 10 g de beurre, 2 cuill. à soupe d'huile d'olive, sel

- La veille (ou quelques heures avant), faites cuire les pommes de terre à l'eau salée en les gardant un peu fermes. Le jour même, et lorsqu'elles sont bien froides, pelez les pommes de terre et râpez-les.
- Rincez le blanc de poireau et émincez-le finement. Mettez à chauffer l'huile et le beurre dans une poêle, et faites suer le blanc de poireau. Incorporez-le aux pommes de terre râpées. Déposez de petits tas du mélange pomme de terre/poireau dans la poêle et laissez dorer 5 minutes environ. Retournez chaque rösti comme une crêpe et poursuivez la cuisson de l'autre côté pendant 3 à 5 minutes. Servez chaud.

à partir de 15 mois

Croquettes de pommes de terre

Pour 4 portions Préparation : 15 min Cuisson : 40 min

2 pommes de terre, 1 petit œuf, 20 g de gruyère râpé, 10 g de beurre, 1 cuill. à soupe de fécule, 1 cuill. à soupe d'huile, 1 pincée de muscade râpée, sel

- Pelez les pommes de terre, lavez-les et faites-les cuire à l'eau salée pendant 30 minutes. Passez-les au moulin à légumes pour les réduire en purée. Incorporez l'œuf, la muscade, le gruyère et la fécule. Mélangez.
- Façonnez des galettes. Mettez à chauffer l'huile et le beurre dans une poêle, et faites cuire les galettes environ 5 minutes de chaque côté, jusqu'à ce qu'elles soient bien dorées.

à partir de 15 mois

Coquillettes aux petits pois et au parmesan

Pour 4 portions Préparation : 5 min Cuisson : 10 min

120 g de coquillettes, 50 g de petits pois écossés surgelés, 4 brins de persil, 20 g de beurre, 10 g de parmesan, sel

- Rincez et séchez le persil.
- Portez de l'eau à ébullition dans une casserole, salez et plongez-y les coquillettes et les petits pois. Faites cuire le temps indiqué sur l'emballage (environ 10 minutes). Égouttez, puis ajoutez le beurre et mélangez bien. Selon l'âge des enfants, écrasez un peu la préparation à la fourchette.
- Parsemez de persil ciselé et de petits copeaux de parmesan, et servez.

Astuce gain de temps

Exceptionnellement, vous pouvez utiliser des petits pois en conserve à partir de l'âge de 1 an.

4
24
mois

Pour les plus petits

Vous pouvez mixer la préparation.

Variante

Vous pouvez remplacer le fromage fondu par des copeaux de parmesan.

Astuce

Ne jetez pas les parures de fenouil, vous pourrez les incorporer à un potage.

Petite poêlée de légumes

Pour 4 portions Préparation : 15 min Cuisson : 15 min

2 tomates, 2 courgettes, 1 portion de fromage fondu, 1 cuill. à soupe d'huile, sel

- Pelez les courgettes, rincez-les et coupez-les en tout petits dés. Plongez les tomates dans de l'eau frémissante pendant quelques secondes, puis rafraîchissez-les, pelez-les et coupez-les en dés.
- Faites chauffer l'huile dans une poêle et ajoutez les légumes. Faites revenir pendant 10 minutes en remuant souvent. Salez très modérément, incorporez le fromage fondu, mélangez bien et poursuivez la cuisson encore 5 minutes.
- Écrasez grossièrement à la fourchette, puis servez.

Fenouil citronné

Pour 4 portions Préparation : 5 min Cuisson : 20 min

2 petits bulbes de fenouil, 1 petite pomme de terre, 1 citron, 20 g de beurre, sel

- Ôtez les tiges, la base et les feuilles extérieures des bulbes de fenouil. Lavez-les, puis émincez-les. Faites-les cuire à la vapeur pendant 10 minutes environ, jusqu'à ce qu'ils soient bien tendres.
- Épluchez la pomme de terre, rincez-la et faites-la cuire à l'eau salée 20 minutes environ, jusqu'à ce qu'elle soit bien cuite.
- Écrasez grossièrement le fenouil et la pomme de terre à la fourchette, en incorporant le beurre et un filet de jus de citron. Mélangez bien et servez.

Variante

Vous pouvez remplacer la banane par une pomme, à la saveur moins prononcée.

à partir de 15 mois

Curry d'épinards à la banane

Pour 4 portions Préparation : 10 min Cuisson : 20 min

1 banane, 500 g d'épinards surgelés, 20 g de beurre, 10 raisins secs (facultatif), 10 cl de lait de coco, 1 cuill. à soupe d'huile, 1 cuill. à café de curry en poudre, sel

- Faites décongeler et cuire les épinards selon les instructions portées sur l'emballage.
- Pelez la banane et coupez-la en rondelles. Faites chauffer le beurre et l'huile dans une poêle, saupoudrez de curry et faites revenir les rondelles de banane jusqu'à ce qu'elles soient dorées.
- Ajoutez les épinards et les raisins, versez le lait de coco, salez, mélangez bien et laissez mijoter encore 5 minutes avant de servir.

Courgettes farcies

à partir de 15 mois

Pour 4 portions Préparation : 25 min Cuisson : 55 min

100 g de viande de bœuf hachée, 100 g de chair à saucisse, 4 petites courgettes bio, 1 oignon, 1 gousse d'ail, 1 tomate, 10 g de beurre, 1 cuill. à soupe d'huile d'olive, sel, poivre

- Ôtez les pédoncules des courgettes, lavez-les et coupez-les en deux dans le sens de la longueur. Creusez-les à l'aide d'une cuillère et coupez la chair retirée en petits dés.
- Pelez et émincez finement l'oignon et l'ail. Plongez la tomate quelques instants dans de l'eau bouillante, rafraîchissez-la, pelez-la, puis coupez-la en dés.
- Faites chauffer l'huile d'olive dans une poêle et faites-y suer l'oignon. Ajoutez la viande de bœuf et la chair à saucisse, ainsi que l'ail émincé. Remuez pendant quelques instants, puis incorporez les dés de tomate et de courgettes. Salez, poivrez et laissez mijoter 10 minutes en remuant souvent.
- Préchauffez le four à 180 °C (th. 6).
- Remplissez les coques de courgettes avec la préparation, parsemez de noisettes de beurre, versez un peu d'eau au fond du plat, enfournez et faites cuire 35 à 40 minutes.

Variante

Vous pouvez de la même façon farcir des tomates, et remplacer la chair à saucisse par de l'agneau.

4
24
mois

Variante

Vous pouvez saupoudrer la purée d'un peu de parmesan ou de gruyère avant de faire gratiner.

Parmentier à la patate douce

Pour 4 portions Préparation : 25 min Cuisson : 1 h

200 g de viande de bœuf, 2 pommes de terre, 1 patate douce, 1 oignon, 1 gousse d'ail, 5 cl de crème liquide, 10 g de beurre, 1 pincée de paprika, 2 cuill. à soupe d'huile, sel, poivre

- Hachez la viande de bœuf (ou faites-la hacher par le boucher). Pelez l'oignon, puis émincez-le.
- Faites chauffer une noisette de beurre et un filet d'huile dans une poêle et faites-y revenir l'oignon et la viande hachée. Laissez cuire pendant 5 minutes environ en remuant.
- Pelez les pommes de terre et la patate douce et lavez-les. Coupez la patate douce en deux ou trois morceaux. Faites cuire le tout à l'eau bouillante salée, avec la gousse d'ail, pendant 30 minutes.
- Préchauffez le four à 180 °C (th. 6).
- Égouttez les pommes de terre et la patate douce, puis passez-les au moulin à légumes ou au presse-purée en incorporant la crème tiédie et le reste de beurre. Ajoutez un peu d'eau de cuisson si la consistance est trop épaisse. Ajoutez le paprika, salez, poivrez et mélangez.
- Répartissez la viande au fond d'un plat à four et recouvrez de purée. Enfournez pour 20 minutes environ.

4

24

mois

Pour toute la famille

Préparez cette recette en grande quantité, elle plaira à toute la famille et sera encore meilleure réchauffée.

Variante

Vous pouvez préparer cette recette avec des joues de bœuf, tout aussi tendres.

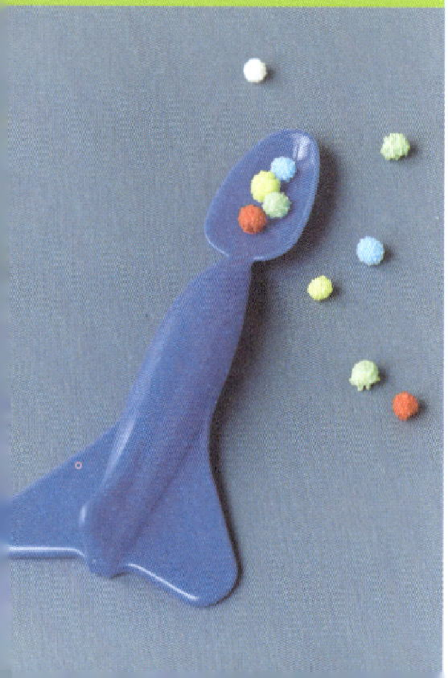

Joues de porc et purée de betteraves

Pour 4 portions Préparation : 20 min Cuisson : 1 h 30

4 joues de porc, 2 betteraves moyennes cuites, 1 pomme de terre, 1 carotte, 1 petit oignon, 2 branches de thym, 4 cuill. à soupe de lait de suite ou de croissance, 1 noix de beurre, 1 cuill. à soupe d'huile, sel

- Coupez la viande en morceaux. Pelez et émincez l'oignon. Épluchez la carotte, rincez-la, puis coupez-la en rondelles.
- Faites chauffer l'huile dans une cocotte et faites suer l'oignon émincé. Ajoutez la viande et les rondelles de carotte, parsemez de thym, puis ajoutez un bon verre d'eau ou de bouillon. Laissez mijoter 1 heure à tout petit feu (ajoutez au besoin un peu d'eau en cours de cuisson).
- Pendant ce temps, épluchez les betteraves, coupez-les en morceaux et mixez-les. Faites cuire la pomme de terre à l'eau salée. Égouttez-la et passez-la au moulin à légumes en incorporant le lait tiède. Incorporez la purée de pomme de terre aux betteraves mixées et faites réchauffer le tout à feu doux.
- Une fois la viande bien cuite, mixez-la grossièrement avec quelques rondelles de carotte. Disposez une couche de carotte, dans des verrines ou des petits plats, puis une couche de viande et enfin recouvrez de purée de betteraves.

Gratin Parmentier de canard

Pour 4 portions Préparation : 20 min Cuisson : 1 h

1 belle cuisse de canard cuite, 1 blanc de poireau, 2 pommes de terre, 1 pomme type canada, 10 g de beurre, 5 cl de lait de croissance, sel

- Épluchez les pommes de terre, lavez-les et faites-les cuire à l'eau salée pendant 30 minutes. Égouttez-les, puis écrasez-les au presse-purée en incorporant le lait tiède.
- Préchauffez le four à 180 °C (th. 6).
- Enlevez la peau et le gras du canard, puis hachez la viande. Lavez et émincez le blanc de poireau. Pelez la pomme, ôtez le cœur et les pépins, puis coupez-la en dés.
- Mettez le beurre à chauffer dans une poêle et faites-y suer le poireau émincé. Ajoutez les dés de pommes et laissez cuire 10 minutes environ, en remuant souvent. Incorporez le canard et poursuivez la cuisson 5 minutes.
- Disposez le contenu de la poêle dans des mini-cocottes, recouvrez de purée et enfournez pour 15 minutes environ.

Blanc de volaille et écrasée de fenouil

Pour 4 portions Préparation : 15 min Cuisson : 45 min

100 g de blanc de poulet (ou de dinde), 2 pommes de terre, 1 petit bulbe de fenouil, 10 cl de lait de suite ou de croissance, 2 noix de beurre, 1 cuill. .à soupe d'huile, sel

- Pelez les pommes de terre, rincez-les et mettez-les dans une casserole. Recouvrez largement d'eau, salez et portez à ébullition, puis laissez cuire 30 minutes environ.
- Épluchez le fenouil, lavez-le, coupez-le en morceaux et faites cuire à la vapeur pendant 10 minutes.
- Faites tiédir le lait. Égouttez les pommes de terre, puis écrasez-les à la fourchette avec le fenouil, en incorporant le lait et le beurre.
- Coupez le blanc de poulet en fines lanières. Faites chauffer l'huile dans une poêle et faites revenir la volaille. Servez avec l'écrasée de pommes de terre et fenouil.

Variante

Remplacez le canard par du poulet ou de la pintade.

Pour les plus petits

N'hésitez pas à mixer la volaille et le fenouil une fois cuits, et à les incorporer aux pommes de terre.

4/24 mois

Pour les plus petits

Écrasez plus ou moins finement les légumes selon l'âge et le goût des enfants (vous pouvez également les passer au mixeur).

Pour toute la famille

Cette recette permet de proposer à toute la famille un plat adapté aux plus jeunes enfants.

Astuce gain de temps

Ce hachis Parmentier peut se préparer avec un reste de pot-au-feu ou de rôti que vous n'aurez plus qu'à effilocher.

Boulettes de bœuf, écrasée de topinambours

Pour 4 portions Préparation : 20 min Cuisson : 35 min

150 g de bœuf haché, 200 g de topinambours, 1 pomme de terre, ½ gousse d'ail, 15 g de beurre, ½ cuill. à café de moutarde, 1 cuill. à soupe d'huile, 1 pincée de muscade râpée, sel

- Pelez et hachez la demi-gousse d'ail. Déposez la viande hachée dans un saladier et incorporez la muscade, la moutarde et l'ail. Salez modérément, mélangez et façonnez des boulettes.
- Épluchez les topinambours et la pomme de terre, et faites-les cuire à l'eau salée pendant 30 minutes environ. Égouttez, puis écrasez à la fourchette en incorporant le beurre et un peu d'eau de cuisson selon la consistance désirée.
- Faites chauffer l'huile dans une poêle et saisissez les boulettes jusqu'à ce qu'elles soient cuites et bien dorées. Servez avec l'écrasée de topinambours et pomme de terre.

Hachis de bœuf

Pour 4 portions Préparation : 25 min Cuisson : 1 h

200 g de bœuf haché, 2 pommes de terre, 1 blanc de poireau, 1 tomate, 1 branche de thym, 5 cl de crème liquide , 10 g de beurre, 1 cuill. à soupe d'huile d'olive, 1 pincée de muscade râpée, sel, poivre

- Pelez les pommes de terre, lavez-les, puis mettez-les dans une casserole. Recouvrez d'eau, ajoutez le thym et portez à ébullition. Salez et faites cuire 30 minutes environ, à petits bouillons.
- Faites tiédir la crème et le beurre. Égouttez les pommes de terre, puis écrasez-les au presse-purée en incorporant progressivement la crème et le beurre.
- Préchauffez le four à 180 °C (th. 6).
- Rincez le blanc de poireau, puis émincez-le. Plongez la tomate quelques secondes dans de l'eau frémissante, pelez-la, puis détaillez-la en petits dés. Faites chauffer l'huile dans une poêle et faites revenir le poireau émincé. Ajoutez la viande hachée, les dés de tomate, la muscade, du poivre et faites cuire 5 minutes.
- Répartissez la viande dans un plat à four et recouvrez-la de purée. Enfournez pour une vingtaine de minutes.

4
24
mois

Pommes farcies au boudin noir

à partir de
15 mois

Pour 4 portions Préparation : 20 min Cuisson : 30 min

200 g de boudin noir, 4 pommes, 1 petite échalote, 2 branches de persil, 15 g de beurre, sel, poivre

- Rincez les pommes, puis découpez un chapeau. À l'aide d'une cuillère, évidez-les avec précaution pour ne pas abîmer la coque. Coupez la chair des pommes et le boudin en petits dés. Épluchez l'échalote et émincez-la.
- Préchauffez le four à 180 °C (th. 6).
- Faites chauffer 10 g de beurre dans une poêle et faites suer l'échalote. Ajoutez les dés de pommes et de boudin et laissez cuire 2 minutes. Salez, poivrez et ajoutez le persil rincé et ciselé.
- Farcissez les pommes avec le mélange, disposez-les dans un plat beurré. Enfournez et laissez cuire 25 à 30 minutes. Servez chaud.

Variante

Vous pouvez préparer cette recette en mélangeant boudin noir et boudin blanc, et en incorporant de petits dés de bananes.

Mousse à la framboise

à partir de 15 mois

Pour 4 portions Préparation : 20 min Cuisson : 2 min Réfrigération : 3 h

250 g de framboises, 100 g de fromage blanc, 5 cl de crème liquide , 25 g de sucre, 2 feuilles de gélatine, menthe fraîche

- Faites tremper les feuilles de gélatine dans un bol d'eau froide.
- Rincez les framboises, gardez-en quelques-unes pour la décoration, puis mixez le reste avec le sucre pour obtenir une purée. Ajoutez le fromage blanc.
- Battez la crème très froide en chantilly. Incorporez-la délicatement à la purée de fruits.
- Versez 2 cuillerées à soupe d'eau dans une petite casserole et portez à ébullition. Lorsque le liquide frémit, faites dissoudre très rapidement les feuilles de gélatine bien essorées en mélangeant sans cesse. Ajoutez-les à la préparation.
- Répartissez la mousse dans des coupes et placez-les au réfrigérateur pendant au moins 3 heures.
- Au moment de servir, décorez avec le reste de framboises et une feuille de menthe.

Fromage blanc aux fruits rouges

Pour 4 portions Préparation : 15 min

100 g de framboises, 200 g de fraises, 200 g de fromage blanc, 20 g de sucre, 2 biscuits à la cuillère

- Rincez très rapidement les fruits et équeutez les fraises. Égouttez les fruits rouges sur un papier absorbant. Écrasez grossièrement les biscuits.
- Versez le fromage blanc dans un saladier et fouettez avec le sucre.
- Répartissez les fruits dans des coupes ou des petits bols, recouvrez de fromage blanc fouetté et terminez par les biscuits écrasés. Servez aussitôt.

Variante

Vous pouvez réaliser cette mousse avec des fraises.

Pour les plus petits

Utilisez de la compote de fruits rouges à la place des fruits frais.

Variante

Vous pouvez ajouter un zeste de citron vert ou jaune dans le fromage blanc.

4
24
mois

Variante

Vous pouvez remplacer le miel par un peu de sucre vanillé ou de sirop d'érable.

Variante

Remplacez la gelée de fruits par du miel liquide ou du sucre vanillé.

Fromage frais au jus de clémentine

Pour 4 portions Préparation : 5 min

1 clémentine, 50 g de fromage blanc à 6 % de m. g., 2 petits-suisses au lait infantile ou au lait entier, 2 cuill. à café de miel liquide

- Versez le fromage blanc et les petits-suisses dans un saladier et détendez-les au fouet.
- Coupez la clémentine en deux, pressez-la et versez progressivement le jus dans le saladier avec le miel, tout en fouettant.

Pommes au four

Pour 4 portions Préparation : 5 min Cuisson : 30 min

4 petites pommes, 10 g de beurre, 2 cuill. à café de gelée de groseille ou de coing

- Lavez les pommes, épluchez-les, puis évidez-les à l'aide d'un vide-pomme.
- Préchauffez le four à 190/200 °C (th. 6/7). Beurrez un plat et placez-y les pommes.
- Répartissez la gelée dans chaque pomme, enfournez et laissez cuire 30 minutes. Servez tiède.

Petits-suisses aux bananes

Pour 4 portions Préparation : 5 min

2 petits bananes bien mûres, ½ orange, 3 petits-suisses au lait infantile ou à 6 % de m. g., 2 cuill. à café de sucre (facultatif), cacao en poudre (facultatif)

• Épluchez les bananes, coupez-les en rondelles au-dessus d'un saladier, puis écrasez-les à la fourchette. Pressez l'orange et versez son jus sur les bananes.

• Incorporez les petits-suisses, et éventuellement le sucre, puis mélangez.

• Saupoudrez d'un soupçon de cacao, de préférence à travers un chinois, juste avant de servir.

4
24
mois

Variante

Vous pouvez remplacer le jus d'orange par du jus de citron.

Panna cotta

Pour 4 portions Préparation : 10 min Cuisson : 5 min Réfrigération : 4 h

20 cl de lait de croissance ou de lait entier, 20 cl de crème liquide, 20 g de sucre, 2 sachets de sucre vanillé, 2 feuilles de gélatine, coulis de fruits rouges

• Faites tremper les feuilles de gélatine dans un bol d'eau froide pendant environ 5 minutes pour les faire ramollir.

• Versez le lait et la crème dans une casserole. Ajoutez le sucre et le sucre vanillé, mélangez et portez à ébullition. Retirez la casserole du feu, incorporez les feuilles de gélatine bien essorées en mélangeant bien.

• Répartissez la préparation dans quatre verres ou ramequins et placez-les au réfrigérateur pendant au moins 4 heures.

• Servez les panna cottas nappés de coulis de fruits rouges.

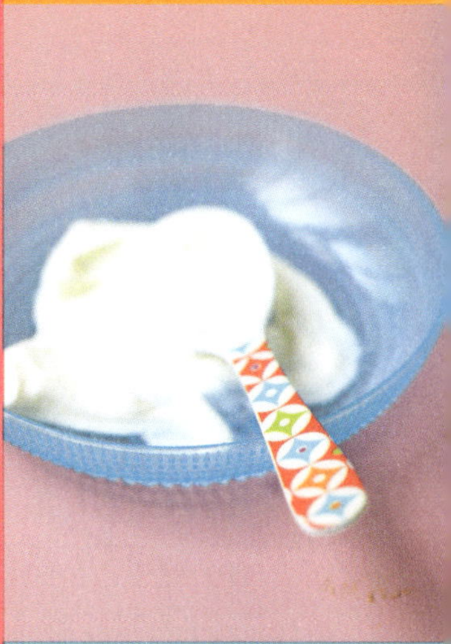

Variante

Vous pouvez remplacer le coulis de fruits rouges par du coulis de mangue (à partir de 12 mois), ou une compote maison finement mixée.

Variante

Remplacez le lait par du lait de coco.

Flan de potiron au caramel

à partir de 15 mois

Pour 4 à 6 portions Préparation : 5 min Cuisson : 50 min

300 g de potiron, ½ citron, 2 œufs, 30 cl de lait de suite ou de croissance, 40 g de sucre en poudre, 40 g de sucre en morceaux, 1 cuill. à soupe de fécule

- Pelez le potiron et coupez-le en cubes. Faites-le cuire à la vapeur jusqu'à ce qu'il soit tendre, puis mixez-le.
- Versez la purée de potiron dans un saladier. Ajoutez le sucre en poudre et mélangez bien.
- Délayez la fécule dans le lait, puis incorporez au mélange dans le saladier. Ajoutez les œufs battus.
- Préchauffez le four à 160 °C (th. 5/6).
- Préparez le caramel : déposez les morceaux de sucre et 1 cuillerée à soupe d'eau dans une casserole, mettez sur le feu et laissez cuire jusqu'à l'obtention d'une belle couleur dorée ; arrêtez la cuisson avec un filet de jus de citron.
- Caramélisez un moule. Versez-y la préparation, enfournez pour 40 minutes environ. Laissez refroidir avant de servir tiède ou très frais.

Conseil équilibre

Le lait concentré sucré donne du moelleux à cette recette de fête, mais il ne peut être utilisé régulièrement pour l'alimentation d'un enfant de moins de 2 ans. Si votre enfant aime beaucoup ce dessert, remplacez le lait concentré sucré par son lait habituel et 1 cuillerée à soupe de sucre.

Variante

Vous pouvez enrichir ce dessert et le transformer en gâteau en y incorporant 1 jaune et 1 blanc d'œuf battu en neige avec 40 g de poudre de noisette. Glissez au four préchauffé à 180 °C (th. 6) pour 15 minutes.

Flan coco

Pour 4 portions Préparation : 15 min Cuisson : 20 min Réfrigération : 6 h

2 petits œufs, 20 cl de lait concentré sucré, 20 cl de lait entier ou de croissance, 60 g de noix de coco râpée, 2 gouttes d'extrait de vanille liquide, caramel liquide

- Cassez les œufs au-dessus d'une terrine et fouettez-les en incorporant progressivement le lait concentré. Ajoutez le lait frais et la vanille, puis la noix de coco râpée et mélangez-bien.
- Préchauffez le four à 160/170 °C (th. 5/6). Nappez de caramel des moules individuels et répartissez la préparation dedans.
- Enfournez pour 20 minutes environ. Laissez tiédir, puis placez au réfrigérateur au moins 6 heures avant de servir bien frais.

Semoule au lait et aux fruits

Pour 4 portions Préparation : 15 min Cuisson : 10 min Réfrigération : 2 h

50 g de semoule, 1 orange non traitée, 2 clémentines, 1 petite pomme, 50 cl de lait de suite ou de croissance, 20 g de sucre, 1 sachet de sucre vanillé, 1 cuill. à soupe de raisins secs

- Versez le lait dans une casserole, ajoutez le sucre et le sucre vanillé. Lavez l'orange et râpez son zeste au-dessus de la casserole, puis portez à ébullition.
- Pressez le jus de l'orange et recueillez-le dans un bol. Faites-y tremper les raisins pendant la cuisson de la semoule.
- Lorsque le lait frémit, versez la semoule en pluie, puis remuez sur feu doux jusqu'à ce qu'elle épaississe. Épluchez les fruits et coupez-les en dés ou en rondelles. Incorporez-les à la semoule, avec les raisins égouttés.
- Versez la préparation dans des ramequins, laissez tiédir, puis placez au réfrigérateur pendant 2 heures.

Crème de riz à l'orange

Pour 4 portions Préparation : 10 min Cuisson : 15 min Réfrigération : 2 h

1 orange non traitée, 30 cl de lait de croissance ou de lait entier, 30 g de crème de riz, 25 g de sucre en poudre

- Délayez la crème de riz dans un peu de lait, puis versez dans une casserole. Ajoutez progressivement le reste de lait en mélangeant bien pour éviter les grumeaux.
- Lavez l'orange et prélevez environ 1 cuillerée à café de zeste. Incorporez-le dans la casserole avec le sucre et faites chauffer. À ébullition, baissez le feu et laissez cuire en remuant souvent pendant 5 minutes environ, jusqu'à ce que le mélange épaississe.
- Laissez tiédir, puis répartissez dans des petites coupes et placez au réfrigérateur pendant au moins 2 heures.
- Pelez l'orange en mettant la chair à vif et prélevez les quartiers sans la peau fine qui les entoure. Détaillez-les en petits dés que vous répartirez sur les crèmes juste avant de servir.

Tian d'automne

Pour 4 portions Préparation : 15 min Cuisson : 30 min

1 pomme, 1 poire, 12 grains de raisin frais, 1 orange, ½ citron, 2 figues sèches, 20 g de beurre, 5 cl de crème liquide, 20 g de sucre

- Pelez la pomme et la poire, ôtez le cœur et les pépins puis coupez les fruits en quartiers et arrosez-les de jus de citron. Rincez les grains de raisin.
- Préchauffez le four à 150/160 °C (th. 4/5).
- Beurrez un plat, disposez les fruits frais et ajoutez les figues coupées en morceaux. Pressez l'orange et versez le jus sur les fruits.
- Faites fondre le reste de beurre et mélangez-le avec la crème. Ajoutez le sucre et mélangez. Répartissez le tout sur les fruits, puis enfournez pour 30 minutes environ.

4
24
mois

Variante

Ajoutez une goutte d'eau de fleur d'oranger dans le lait. Si vos enfants apprécient la saveur des épices, faites infuser une étoile de badiane dans le lait avant de le mélanger à la crème de riz.

Variante

Si vos enfants l'apprécient, ajoutez un zeste d'orange râpé (choisissez alors une orange non traitée).

Crumble de rhubarbe

à partir de 15 mois

Pour 4 portions Préparation : 15 min Cuisson : 30 min

4 tiges de rhubarbe, 40 g de sucre, 4 sablés

- Rincez les tiges de rhubarbe, coupez-les en morceaux puis déposez-les dans une casserole. Ajoutez le sucre et faites cuire 20 minutes environ, jusqu'à ce que la rhubarbe soit bien compotée.
- Préchauffez le four à 200 °C (th. 7). Émiettez les sablés.
- Répartissez la compote dans un plat à four, puis recouvrez de biscuits émiettés. Enfournez pour 10 minutes. Servez tiède.

Variante

Remplacez les sablés par des biscuits type spéculoos.

Gâteau au yaourt, au citron et aux fruits

à partir de 15 mois

Pour 1 gâteau Préparation : 15 min Cuisson : 30 min

1 citron non traité, 1 pêche, 2 œufs, 1 yaourt, ½ pot de yaourt de sucre, 2 pots de farine, ½ paquet de levure chimique, ¾ de pot d'huile

- Versez le yaourt dans un saladier et fouettez-le avec le sucre et les œufs entiers.
- Mélangez la farine et la levure dans un bol. Incorporez-les progressivement dans le mélange au yaourt, puis versez l'huile et mélangez pour obtenir une pâte homogène.
- Préchauffez le four à 180 °C (th. 6).
- Lavez le citron, prélevez son zeste, hachez-le et incorporez-le à la pâte. Coupez le citron en deux, recueillez 1 cuillerée à soupe de jus et ajoutez-le dans la pâte. Pelez la pêche, dénoyautez-la et coupez-la en dés que vous ajouterez délicatement à la préparation.
- Versez dans un moule à manqué, enfournez pour 30 minutes environ. Servez tiède ou froid.

Variante

Vous pouvez réaliser ce gâteau avec d'autres fruits de saison (abricots, pomme, poire, prunes...) ou remplacer le zeste de citron par un zeste d'orange.

4
24
mois

Compote de pommes

Pour 4 portions Préparation : 5 min Cuisson : 15 min

5 pommes, 1 pincée de cannelle (facultatif), 1 cuill. à café de miel

- Épluchez les pommes, ôtez le cœur et les pépins, puis coupez-les en cubes.
- Mettez-les dans une casserole, ajoutez le miel, saupoudrez de cannelle et faites-les cuire 15 minutes environ jusqu'à ce qu'ils soient bien tendres.
- Écrasez à la fourchette ou passez au mixeur selon la consistance désirée.

Variante

Vous pouvez remplacer une pomme par une poire conférence ou comice.

Compote pêches-abricots biscuitée

Pour 4 portions Préparation : 5 min Cuisson : 15 min

2 abricots bien mûrs, 2 pêches jaunes, 1 cuill. à café de miel, 2 biscuits à la cuillère ou 2 petits-beurre

- Lavez les abricots, dénoyautez-les et coupez-les en morceaux. Rincez et épluchez les pêches, ôtez les noyaux et détaillez-les en dés. Mettez le tout dans une casserole avec le miel et faites cuire 15 minutes environ en remuant de temps en temps, jusqu'à ce que les fruits soient bien tendres.
- Mixez les fruits pour obtenir une compote, puis incorporez les biscuits grossièrement écrasés. Servez tiède ou froid.

Pour les plus petits

Selon l'âge de vos enfants, vous écraserez plus ou moins les biscuits.

4
24
mois

à partir de 15 mois

Poire aux perles du Japon

Pour 4 à 6 portions Préparation : 15 min Cuisson : 15 min Réfrigération : 2 h

40 g de perles du Japon (tapioca), 1 poire , 40 cl de lait de suite ou de croissance (ou moitié lait de coco-moitié lait), 20 g de sucre roux, ½ gousse de vanille

- Versez le lait dans une casserole, ajoutez la vanille et le sucre. Portez à ébullition, versez le tapioca en pluie, puis remuez et laissez cuire une dizaine de minutes en remuant très souvent.
- Pelez la poire, épépinez-la et coupez-la en petits dés. Ajoutez-les dans la casserole et poursuivez la cuisson 5 minutes.
- Retirez la gousse de vanille et répartissez le tapioca dans des ramequins ou des petites coupes.
- Laissez tiédir, puis placez au réfrigérateur au moins 2 heures. Servez frais.

Variante

Vous pouvez remplacer la poire par des morceaux de mangue.

Chocolat chaud à la vanille

Pour 4 portions Préparation : 10 min Cuisson : 10 min

80 g de chocolat noir, 40 cl de lait de croissance , 5 cl de crème liquide , ½ gousse de vanille

- Versez le lait et la crème dans une casserole. Grattez la gousse de vanille au-dessus de la casserole pour récupérer les graines, puis déposez la gousse dans la casserole. Portez à ébullition, ôtez la casserole du feu, couvrez et laissez infuser 5 minutes. Ôtez la gousse de vanille.
- Hachez le chocolat au couteau puis incorporez-le dans le lait et la crème. Fouettez vivement, puis remettez la casserole sur le feu et laissez cuire 5 minutes à feu doux.

Variante

Vous pouvez remplacer la vanille par un zeste d'orange (non traitée), que vous ferez infuser dans le lait et la crème.

HIVER			PRINTEMPS		
DÉCEMBRE	JANVIER	FÉVRIER	MARS	AVRIL	MAI
FRUITS					
ananas, banane, châtaigne, clémentine, kiwi, litchi, mandarine, mangue, orange, pamplemousse, poire, pomme	ananas, banane, citron, clémentine, fruit de la Passion, kaki, kiwi, litchi, mandarine, mangue, orange, pamplemousse, papaye, poire, pomme	ananas, banane, citron, fruit de la Passion, kiwi, mangue, orange, pamplemousse, papaye, poire, pomme	ananas, banane, citron, kiwi, mangue, orange, pomme	ananas, banane, kiwi, mangue, pomme	ananas, banane, cerise, fraise, mangue, rhubarbe
LÉGUMES					
betterave, cardon, carotte, céleri-rave, chou, chou de Bruxelles, courges (citrouille, potiron, potimarron...), endive, igname, navet, panais, poireau, pomme de terre, salsifis, topinambour	betterave, cardon, carotte, céleri branche, céleri-rave, choux (de Bruxelles, frisé, pommé, vert...), courges (citrouille, potiron, potimarron...), endive, navet, panais, poireau, pomme de terre, salsifis, topinambour	betterave, cardon, carotte, céleri-rave, choux (de Bruxelles, pommé...), courges (citrouille, potiron, potimarron...), endive, fenouil, navet, panais, poireau, pomme de terre, rutabaga, salsifis, topinambour	betterave, cardon, carotte, céleri-rave, chou-rave, endive, navet, panais, poireau, pomme de terre, potiron, salsifis, topinambour	artichaut, asperge, blette, carotte, chou-fleur, chou-rave, cresson, épinard, navet, petits pois, poireau, pomme de terre	artichaut, asperge, blette, chou-fleur, chou-rave, cresson, épinard, haricot vert, petits pois
AROMATES					
échalote, oignon	ail, échalote, oignon	échalote, oignon	échalote, oignon	échalote, oignon	échalote, oignon

ÉTÉ			AUTOMNE		
JUIN	JUILLET	AOÛT	SEPTEMBRE	OCTOBRE	NOVEMBRE
FRUITS					
abricot, ananas, banane, cerise, figue, fraise, framboise, mangue, melon, nectarine	abricot, ananas, banane, brugnon, cassis, cerise, figue, fraise, framboise, groseille, mangue, melon, mirabelle, mûre, myrtille, nectarine, pastèque, pêche, prune, tomate	abricot, ananas, banane, cassis, figue, fraise, framboise, groseille, mangue, melon, mirabelle, mûre, myrtille, nectarine, pêche, prune, raisin, tomate	ananas, banane, figue, fraise, framboise, mangue, melon, mirabelle, mûre, myrtille, nectarine, pêche, poire, pomme, prune, raisin, tomate	ananas, banane, châtaigne, coing, figue, framboise, mangue, pêche de vigne, poire, pomme, raisin, tomate	ananas, banane, châtaigne, coing, kaki, litchi, mangue, poire, pomme, raisin
LÉGUMES					
artichaut, asperge, blette, chou-fleur, chou-rave, chou romanesco, courgette, fenouil, haricots verts, petits pois, pomme de terre	artichaut, aubergine, blette, brocoli, carotte, chou-fleur, chou-rave, chou romanesco, concombre, courgette, fenouil, haricots verts, petit pois, pomme de terre	artichaut, aubergine, blette, brocoli, carotte, chou-fleur, chou-rave, chou romanesco, concombre, courgette, fenouil, haricot vert, maïs, poireau, poivron, pomme de terre, salsifis	artichaut, aubergine, betterave, blette, brocoli, carotte, chou, choux de Bruxelles, chou-fleur, chou-rave, chou romanesco, concombre, courges (citrouille, potiron, potimarron…), courgette, épinard, fenouil, haricots (blancs, coco…), haricots verts, maïs, poireau, poivron, pomme de terre, salsifis	artichaut, aubergine, betterave, blette, brocoli, carotte, céleri-rave, chou, choux de Bruxelles, chou-fleur, chou-rave, concombre, courges (citrouille, potiron, potimarron…), courgette, épinard, fenouil, haricots verts, navet, panais, poireau, pomme de terre, salsifis, topinambour	betterave, blette, brocoli, carotte, céleri branche, céleri-rave, chou, choux de Bruxelles, chou-fleur, chou-rave, courges (citrouille, potiron, potimarron…), endive, épinard, navet, panais, poireau, pomme de terre, salsifis, topinambour
AROMATES					
aneth, basilic, cerfeuil, ciboulette, coriandre, échalote, estragon, laurier, marjolaine, menthe, oignon, origan, persil, piment, romarin, sauge, thym	échalote, oignon	échalote, oignon	échalote, oignon	échalote, oignon	

Index des recettes par ingrédients

Direction éditoriale : Corinne Cesano

Édition : Diane Monserat

Fabrication : Laurence Duboscq

Photogravure : Euresys

Création graphique et réalisation,
création motifs : Guylaine Moi

Illustrations : © Ekaterina Perepelova/Fotolia

ISBN : 978-2-263-06734-1
Code éditeur : S06734

Dépôt légal : janvier 2015
Imprimé en Chine par Leo Paper

Direction éditoriale : Corinne Cesano
Édition : Diane Monserat
Fabrication : Laurence Duboscq

Création graphique et réalisation,
création motifs : Guylaine Moi

Illustration couverture :
© Ekaterina Perepelova/Fotolia

ISBN : 978-2-263-06734-1
Code éditeur : S06734

Dépôt légal : janvier 2015
Imprimé en Chine par Leo Paper

CROISSANCE DE LA NAISSANCE À 3 ANS

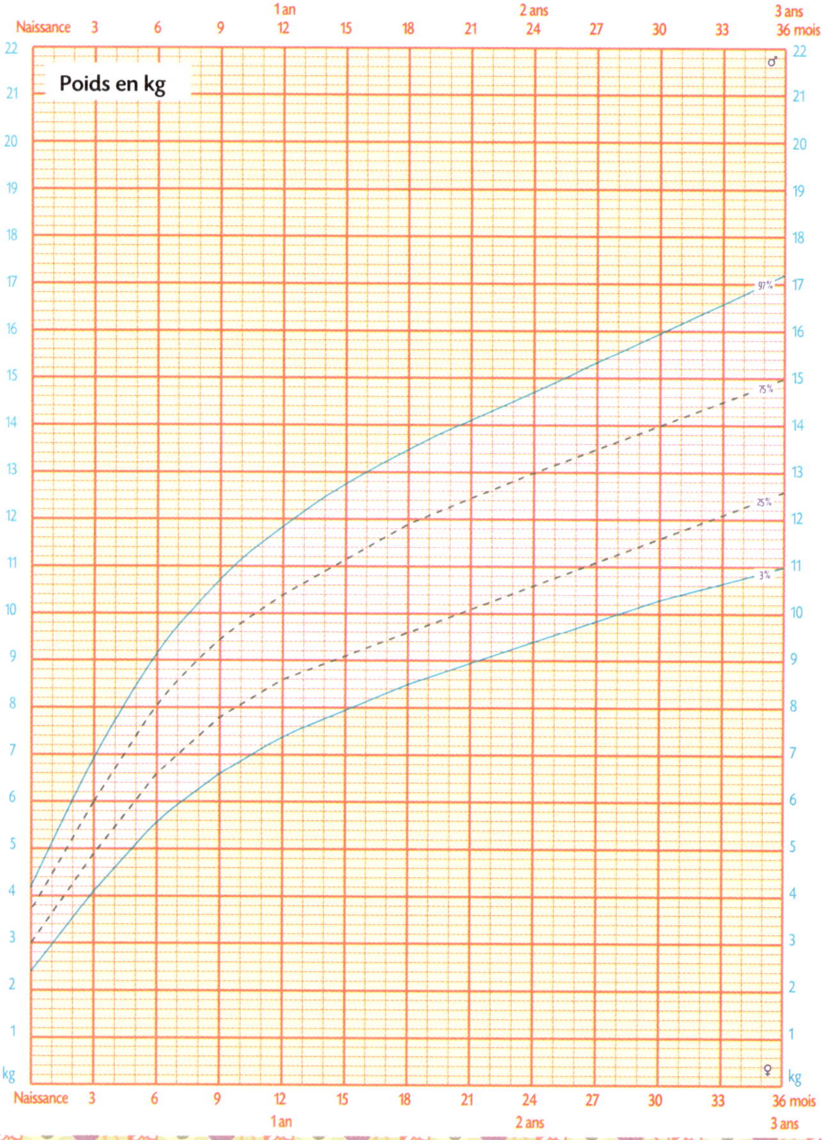

Tracés établis à partir des données de l'étude séquentielle française de la croissance CIE-INSERM (M. Sempé)

CROISSANCE DE LA NAISSANCE À 3 ANS

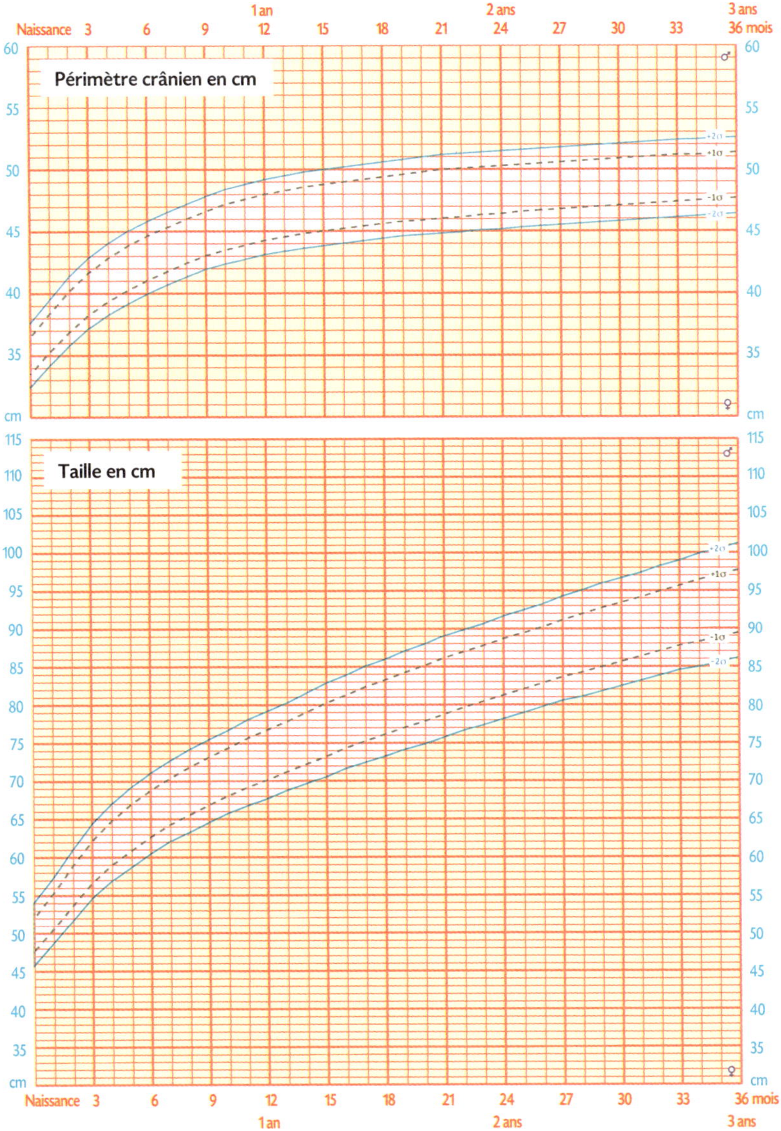

Tracés établis à partir des données de l'étude séquentielle française de la croissance CIE-INSERM (M. Sempé). Variations en écarts-types (σ) [1 σ = 1 DS]

au ____

	VENDREDI	SAMEDI	DIMANCHE
DÉJEUNER			
GOÛTER			
SOUPER			

Mes notes

Bébé a aimé ♡

Bébé a détesté

MES PETITS MENUS de la semaine du ____________

	LUNDI	MARDI	MERCREDI	JEUDI
DÉJEUNER				
GOÛTER				
SOUPER				

au ______________________________

	VENDREDI	SAMEDI	DIMANCHE
DÉJEUNER			
GOÛTER			
SOUPER			

Mes notes

Bébé a aimé ♡

Bébé a détesté

MES PETITS MENUS de la semaine du ____________

	LUNDI	MARDI	MERCREDI	JEUDI
DÉJEUNER				
GOÛTER				
SOUPER				

au ____________________

	VENDREDI	SAMEDI	DIMANCHE
DÉJEUNER			
GOÛTER			
SOUPER			

Mes notes

Bébé a aimé ♡

Bébé a détesté

MES PETITS MENUS de la semaine du ____________

	LUNDI	MARDI	MERCREDI	JEUDI
DÉJEUNER				
GOÛTER				
SOUPER				

au ______________________________

	VENDREDI	SAMEDI	DIMANCHE
DÉJEUNER			
GOÛTER			
SOUPER			

Mes notes

Bébé a aimé ♡

Bébé a détesté

MES PETITS MENUS de la semaine du ______________

	LUNDI	MARDI	MERCREDI	JEUDI
DÉJEUNER				
GOÛTER				
SOUPER				

au ______________________________

	VENDREDI	SAMEDI	DIMANCHE
DÉJEUNER			
GOÛTER			
SOUPER			

Mes notes

Bébé a aimé ♡

Bébé a détesté ♡

MES PETITS MENUS de la semaine du ____________

	LUNDI	MARDI	MERCREDI	JEUDI
DÉJEUNER				
GOÛTER				
SOUPER				

au ______________________________

	VENDREDI	SAMEDI	DIMANCHE
DÉJEUNER			
GOÛTER			
SOUPER			

Mes notes

Bébé a aimé ♡

Bébé a détesté

MES PETITS MENUS de la semaine du ________________

	LUNDI	MARDI	MERCREDI	JEUDI
DÉJEUNER				
GOÛTER				
SOUPER				

au ______________________________

	VENDREDI	SAMEDI	DIMANCHE
DÉJEUNER			
GOÛTER			
SOUPER			

Mes notes

Bébé a aimé ♡

Bébé a détesté

MES PETITS MENUS de la semaine du ____________

	LUNDI	MARDI	MERCREDI	JEUDI
DÉJEUNER				
GOÛTER				
SOUPER				

au ______________________________

	VENDREDI	SAMEDI	DIMANCHE
DÉJEUNER			
GOÛTER			
SOUPER			

Mes notes

Bébé a aimé ♡

Bébé a détesté ♡

MES PETITS MENUS de la semaine du ____________

	LUNDI	MARDI	MERCREDI	JEUDI
DÉJEUNER				
GOÛTER				
SOUPER				

au ______________________________

	VENDREDI	SAMEDI	DIMANCHE
DÉJEUNER			
GOÛTER			
SOUPER			

Mes notes

Bébé a aimé ♡

Bébé a détesté ♡

MES PETITS MENUS de la semaine du ____________

	LUNDI	MARDI	MERCREDI	JEUDI
DÉJEUNER				
GOÛTER				
SOUPER				

au ______________________________

	VENDREDI	SAMEDI	DIMANCHE
DÉJEUNER			
GOÛTER			
SOUPER			

Mes notes

Bébé a aimé

Bébé a détesté

MES PETITS MENUS de la semaine du ____________

	LUNDI	MARDI	MERCREDI	JEUDI
DÉJEUNER				
GOÛTER				
SOUPER				

au ____________________

	VENDREDI	SAMEDI	DIMANCHE
DÉJEUNER			
GOÛTER			
SOUPER			

Mes notes

Bébé a aimé ♡

Bébé a détesté

MES PETITS MENUS de la semaine du ______________

	LUNDI	MARDI	MERCREDI	JEUDI
DÉJEUNER				
GOÛTER				
SOUPER				

au ___________________________

	VENDREDI	SAMEDI	DIMANCHE
DÉJEUNER			
GOÛTER			
SOUPER			

Mes notes

Bébé a aimé ♡

Bébé a détesté

MES PETITS MENUS de la semaine du ____________

	LUNDI	MARDI	MERCREDI	JEUDI
DÉJEUNER				
GOÛTER				
SOUPER				

au ____________________

	VENDREDI	SAMEDI	DIMANCHE
DÉJEUNER			
GOÛTER			
SOUPER			

Mes notes

Bébé a aimé ♡

Bébé a détesté

MES PETITS MENUS de la semaine du ________________

	LUNDI	MARDI	MERCREDI	JEUDI
DÉJEUNER				
GOÛTER				
SOUPER				

au ______________________________

	VENDREDI	SAMEDI	DIMANCHE
DÉJEUNER			
GOÛTER			
SOUPER			

Mes notes

Bébé a aimé ♡

Bébé a détesté

MES PETITS MENUS de la semaine du ____________

	LUNDI	MARDI	MERCREDI	JEUDI
DÉJEUNER				
GOÛTER				
SOUPER				

au ______________________________

	VENDREDI	SAMEDI	DIMANCHE
DÉJEUNER			
GOÛTER			
SOUPER			

Mes notes

Bébé a aimé ♡

Bébé a détesté ♡

MES PETITS MENUS de la semaine du ____________

	LUNDI	MARDI	MERCREDI	JEUDI
DÉJEUNER				
GOÛTER				
SOUPER				

au ______________________

	VENDREDI	SAMEDI	DIMANCHE
DÉJEUNER			
GOÛTER			
SOUPER			

Mes notes

Bébé a aimé ♡

Bébé a détesté

MES PETITS MENUS de la semaine du ______________

	LUNDI	MARDI	MERCREDI	JEUDI
DÉJEUNER				
GOÛTER				
SOUPER				

au ______________________________

	VENDREDI	SAMEDI	DIMANCHE
DÉJEUNER			
GOÛTER			
SOUPER			

Mes notes

Bébé a aimé ♡

Bébé a détesté

MES PETITS MENUS de la semaine du ___________

	LUNDI	MARDI	MERCREDI	JEUDI
DÉJEUNER				
GOÛTER				
SOUPER				

au ______________________________

	VENDREDI	SAMEDI	DIMANCHE
DÉJEUNER			
GOÛTER			
SOUPER			

Mes notes

Bébé a aimé ♡

Bébé a détesté

MES PETITS MENUS de la semaine du ____________

	LUNDI	MARDI	MERCREDI	JEUDI
DÉJEUNER				
GOÛTER				
SOUPER				

au ______________________

	VENDREDI	SAMEDI	DIMANCHE
DÉJEUNER			
GOÛTER			
SOUPER			

Mes notes

Bébé a aimé ♡

Bébé a détesté

MES PETITS MENUS de la semaine du ____________

	LUNDI	MARDI	MERCREDI	JEUDI
DÉJEUNER				
GOÛTER				
SOUPER				

au ______________________________

	VENDREDI	SAMEDI	DIMANCHE
DÉJEUNER			
GOÛTER			
SOUPER			

Mes notes

Bébé a aimé ♡

Bébé a détesté

MES PETITS MENUS de la semaine du ____________

	LUNDI	MARDI	MERCREDI	JEUDI
DÉJEUNER				
GOÛTER				
SOUPER				

MENUS POUR 15 À 24 MOIS

	AUTOMNE		HIVER	
DÉJEUNER	Pommes farcies au boudin noir * Pommes vapeur * Camembert * Compote	Petits flans de carotte * Yaourt * Mousse aux poires*	Petites bouchées de poisson * Purée de poireaux, fèves et pommes de terre * Bûche de chèvre * Salade de fruits	Salade de betteraves crapaudine * Gratin Parmentier de canard * Gruyère * Clémentine
GOÛTER	Fromage blanc * Crumble pommes-poires*	1 verre de lait de croissance * Petits-beurre	Poires aux perles du Japon	1 verre de lait de croissance * Banane
SOUPER	Purée de pois cassés * Flan de potiron au caramel	Potage aux pâtes alphabet * Fenouil citronné * Parmesan * Pommes au four	Purée de potiron et carottes aux épices * Yaourt * Compote	Röstis de pommes de terre et poireau * Fromage frais au jus d'orange*

* Fromage frais au jus d'orange : utiliser la recette du fromage frais au jus de clémentine.

* Crumble pommes-poires : remplacer la rhubarbe par une compotée de pommes–poires en utilisant la recette du crumble à la rhubarbe.

MENUS POUR 15 À 24 MOIS

	PRINTEMPS		ÉTÉ	
DÉJEUNER	Parmentier à la patate douce * Salade de fruits	Paupiettes de sole farcies * Petits-suisses aux fruits	Courgettes farcies * Semoule au lait et aux pêches	Rillettes de thon * Lasagne de légumes * Mousse à la framboise
GOÛTER	1 verre de lait de croissance * Pain beurré	Pain + fromage à tartiner * Fraises au sucre	1 verre de lait de croissance * Compote de pommes à la rhubarbe*	Petites madeleines au fromage * Dés de melon
SOUPER	Clafoutis au brocoli * Compote pêches-abricots biscuitée	Coquillettes aux petits pois et au parmesan * Crème chocolat *	Concombre au yaourt * Cake aux courgettes * Salade de fruits	Gratin d'épinards et quinoa * Flan coco * Nectarine

* Compote de fruits : utiliser la recette de la compote de pommes.

* Crème chocolat : utiliser la recette de la crème de riz à l'orange.

* Mousse aux poires : utiliser la recette de la mousse à la framboise en remplaçant la framboise par de la compote de poires.

MENUS POUR 10 À 15 MOIS

	AUTOMNE		HIVER	
DÉJEUNER	Œufs pochés sur lit d'épinards * Poire aux perles du Japon	Joues de porc et purée de betteraves * Chocolat chaud à la vanille * Clémentines	Flétan au poireau et au riz * Gouda * Compote de pommes à la banane*	Boulettes de bœuf * Purée de céleri-rave et pomme * Flan de potiron au caramel
GOÛTER	1 verre de lait de croissance * Pain + confiture	Tian d'automne * Petits-suisses nature	Semoule au lait et aux fruits	Petits-suisses aux bananes
SOUPER	Petits flans de carotte * Panna cotta*	Potage poireau-pomme de terre * Yaourt sucré * Compote de pommes	Soupe au potiron * Fromage frais au jus de clémentine	Purée multicolore * Fromage fondu et pain * Compote de pommes aux framboises*

* Compote de fruits : utiliser la recette de la compote de pommes et varier les fruits selon les saisons.
* Panna cotta : utiliser des fruits de saison en remplacement du coulis de fruits rouges.

MENUS POUR 10 À 15 MOIS

	PRINTEMPS		ÉTÉ	
DÉJEUNER	Blanc de volaille et écrasée de fenouil * Flan coco	Hachis de bœuf * Crème de gruyère * Compote de pommes	Filet de cabillaud poché* * Purée de riz aux courgettes * Emmental * Compote de pêches*	Brouillade à la tomate * Fromage blanc aux fruits rouges
GOÛTER	1 verre de lait de croissance * Gâteau au yaourt, au citron et aux fruits	Pain + fromage à tartiner * 1 petite poire bien mûre	Petits-suisses au coulis de fruits rouges * Boudoir	1 verre de lait de croissance * Pain beurré
SOUPER	Purée de haricots verts aux herbes * Yaourt aux fraises	Curry d'épinard à la banane * Gâteau de semoule	Mousse d'aubergines * Purée de pommes de terre * Compote de pêches-abricots biscuitée	Soupe aux courgettes* * Mousse à la framboise

* Filet de cabillaud poché : voir la cuisson du filet de cabillaud dans la recette du filet de flétan

* Soupe aux courgettes : voir la recette de soupe au potiron

* Gâteau de semoule : voir l'astuce dans la recette de la semoule aux fruits

mes petits menus de la semaine

SOLAR
EDITIONS